DON BOSCO

Elke Leitenstorfer

Die 50 besten
Wut-weg-Spiele

DON BOSCO

MiniSpielothek

Gerne nehmen wir Ihre Anregungen,
Wünsche, Kritik oder Fragen entgegen:
Don Bosco Medien GmbH, Sieboldstraße 11, D-81669 München
anregungen@donbosco-medien.de
Servicetelefon: +49(0)89 48008-341

Bibliografische Information der Deutschen Nationalbibliothek

Die Deutsche Nationalbibliothek verzeichnet diese Publikation in der Deutschen Nationalbibliografie; detaillierte bibliografische Daten sind im Internet über http://dnb.d-nb.de abrufbar.

5. Auflage 2026 / ISBN 978-3-7698-2498-8

produktinformation@donbosco-medien.de
www.donbosco-medien.de

Umschlag: Manfred Lehner, Blue Cat Design
Illustration Cover: strichfiguren.de/stock.adobe.com
Layout: Alexandra Paulus
Lektorat: UNGER-KUNZ. Lektorat und Redaktionsbüro
Satz: Don Bosco Medien GmbH, München
Druck: dieprintzen, Ursensollen

Gedruckt auf umweltfreundlichem Papier

Inhalt

Wer niemals außer sich gerät,
wird niemals in sich gehen.

Paul Heyse

Spiele zum Umgang mit Gefühlen

Laut und leise

Der Turnraum oder der Gruppenraum wird mit einem langen Seil in zwei Hälften unterteilt. Eine Seite ist die „Leisehälfte“, dort geht alles langsam, verzögert und leise vonstatten. Die Kinder dürfen flüstern, auf Zehenspitzen und wie in Zeitlupe gehen. Die andere Seite ist die „Lauthälfte“, dort darf gerannt, gestampft und geschrieen werden. Die Kinder werden von der Spielleitung aufgefordert, möglichst oft die Grenzlinie zwischen laut und leise zu überschreiten.

Material

langes Seil

Hinweis

Das Spiel eignet sich dazu, die eigenen Gefühle zu „dosieren“ und Aggressionen abzubauen.

1

Wenn ich wütend bin

Die Kinder sitzen im Stuhlkreis und erzählen den anderen nacheinander, wie sie sich verhalten, wenn sie wütend sind bzw. spielen es pantomimisch vor. Jedes Kind kommt an die Reihe. Wenn ein Kind spricht, hören die anderen aufmerksam zu.

Variation

Wie beim Spiel „Koffer packen" reihen die Kinder die Aussagen bzw. Gesten der anderen aneinander und fügen eine eigene Geste oder Aussage hinzu. So geht es reihum, bis alle an der Reihe waren.

Gefühlsspiegel

Die Kinder sitzen im Stuhlkreis oder auf Teppichfliesen im Kreis auf dem Boden. Zuerst probiert jedes Kind für sich einzelne Mimik- oder Gestik-Varianten vor dem Spiegel aus. Zu welchem Gefühl passt welche Mimik oder welche Geste?
Nun erklärt die Spielleitung die Begriffe „Vorzeiger“ und „Nachahmer“. Danach finden sich Kinder zu Paaren zusammen und versuchen es zu zweit. Sie setzen oder stellen sich gegenüber auf. Eines der beiden Kinder übernimmt die Rolle des „Spiegels“ und ist Nachahmer, das andere ist der Vorzeiger.

Material

großer Wandspiegel, Teppichfliesen

Hinweis

Die Spielleitung macht den Kindern bewusst, dass man ein Gefühl schon mit kleinsten Gesten ausdrücken kann, z. B. mit einem Lächeln, einem Augenzwinkern, dem Bewegen einzelner Finger o. Ä.

In deinen Mokassins gehen

Die Indianer sagen, um einen anderen wirklich zu kennen, muss man eine Zeit lang in seinen Mokassins gegangen sein. Für dieses Spiel heißt das: Die Kinder bewegen sich genauso wie ihr Spielpartner bzw. ihre Spielpartnerin.
Zunächst bilden die Kinder Paare. Eines der Kinder, der „Vordermann“, geht im Gelände (idealerweise im Außenbereich) spazieren und achtet dabei nur darauf, was er selbst gerade machen möchte, ohne sich dabei um seinen „Hintermann“ zu kümmern. Dieser geht in circa einem bis zwei Meter Abstand hinter dem „Vordermann“ her, sodass er seine Bewegungen gut sehen kann. Es macht einfach alles wie ein Spiegel nach, läuft in derselben Weise, schaut überall dorthin, wohin der „Vordermann“ schaut, berührt auch alles, was vom anderen berührt wird usw. Nach etwa fünf Minuten des gemeinsamen Erfahrens und Ertastens, auf ein Signal der Spielleitung hin, werden die Rollen getauscht. Die Kinder kommen anschließend im Kreis zusammen und berichten über ihre Erfahrungen.

Material

Trillerpfeife oder Handtrommel

Hinweis

Bei diesem Spiel sollte nicht gesprochen werden, damit sich die Kinder in ihren jeweiligen „Vordermann“ gut einfühlen können.

4

Gefühle in Bewegung

Die Kinder bewegen sich frei durch den Raum und die Spielleitung fordert zu unterschiedlichen Bewegungen auf, wie z. B.:

- Stelle dich aufrecht und gerade hin und stemme deine Hände in die Hüften.
- Hebe deinen Kopf etwas nach oben, gehe nun langsam, aber stampfend nach vorne.
- Schaue zum Boden und stecke deine Hände in deine Hosentaschen. Schlendere nun langsam durch den Raum und versuche, dabei kein anderes Kind zu berühren oder anzuschauen.
- Recke deine Arme nach oben und springe so hoch, wie du kannst.
- Laufe durch den Raum und schwenke dabei deine Arme.
- Gehe durch den Raum und lächle jedes Kind an, das dich ansieht. Fange dann an, mit ihm zusammen so laut zu lachen, wie du kannst.

Zu jeder Bewegungsaufforderung stellt die Spielleitung eine Frage, z. B.:

- Wie fühlst du dich bei dieser Körperhaltung?

- Wie geht es wohl den anderen Kindern, wenn sie sich so bewegen?
- Fühlst du dich wohl, wenn du so gehst, oder eher unwohl?

Emotionsbilder

Alle versammeln sich im Sitzkreis. Jedes Kind hat einen Papierbogen und Zeichenstifte vor sich auf dem Boden liegen. Die Spielleitung beschreibt nun verschiedene Situationen, z. B.:

- „Ich habe ein neues Spielzeug geschenkt bekommen!“
- „Morgen gehe ich zum Zahnarzt!“
- „Mein Bruder/meine Schwester stört mich beim Spielen!“
- „Ich bin allein im dunklen Zimmer!“

Die Kinder versetzen sich nun in die beschriebene Situation und malen, wie sie sich dabei fühlen.
Danach spielen sie – ein Kind nach dem anderen – ihre gemalte Emotion nach. Gleichzeitig beschreiben sie auch mit Worten das, was sie gefühlt haben. Ziel soll es sein, dass die Kinder ihre Emotionen mit Adjektiven beschreiben lernen. Jüngere Kinder sollten von der Spielleitung dabei unterstützt werden, die richtigen Worte zu finden.

Variation

Die Spielleitung zeigt reale Situationen auf Fotos oder gemalten Bildern im Kreis herum und macht selbst die dort dargestellten Emotionen nach, damit die Kinder am Modell lernen können.

Material

Papierbogen und Zeichenstifte, evtl. Fotos oder gemalte Bilder

6

Schrei-Stopp

Die Spielleitung bittet die Kinder, sich im Kreis auf den Boden zu setzen. Jedes Kind sollte bequem sitzen und um sich herum genug Bewegungsfreiraum haben. Mit folgendem Satz lenkt die Spielleitung die Aufmerksamkeit der Kinder auf ihre Atmung: „Was passiert, wenn ich ausatme und danach versuche ‚stopp!‘ zu rufen?“
Alle atmen nun gemeinsam ein, dann aus und versuchen anschließend, so laut wie möglich „stopp!“ zu rufen. Die Spielleitung fragt anschließend die Kinder, wie es ihnen mit dieser Übung gegangen ist, was sie dabei gefühlt haben.

Hinweis

Dieses Spiel dient dazu, sich auch unter Stress äußern zu können. In Situationen, in denen man sich unsicher fühlt, verkrampft man sich leicht, spannt den Körper stark an und hat sprichwörtlich einen „Frosch im Hals“. Mit dieser Übung erfahren die Kinder, dass man durch ein Ventil – wie z. B. dem „Stopp!“-Ruf – aus dieser Situation wieder herauskommen kann.

Wuttücher

Die Kinder sitzen im Stuhlkreis. In der Kreismitte liegen ein ausgebreitetes, großes rotes Tuch und daneben viele kleine rote Tücher. Die Spielleitung erklärt, was der Spruch „Ich sehe rot“ zu bedeuten hat und erzählt von einer Situation, die sie selbst einmal sehr wütend gemacht hat. Danach fragt sie die Kinder, was sie denn wütend macht oder schon einmal wütend gemacht hat. So entsteht ein Gespräch darüber, was Wut hervorrufen kann. Für jede erzählte Wutsituation wird ein kleines rotes Tuch auf das große Tuch in der Mitte gelegt. Diese Geste hilft den Kindern, die Situation besser zu verbalisieren.

Material

ein großes und viele kleine rote Tücher (evtl. Chiffontücher)

Hinweis

In diesem Gespräch erfahren die Kinder, dass Wut und wütend sein ein erlaubtes Gefühl ist, solange kein anderer dadurch gestört wird. Der richtige Umgang mit Wut wird bei diesem Spiel noch nicht thematisiert, sollte aber unbedingt kurz darauf besprochen werden.

Die Zauberschachtel

Die Kinder versammeln sich im Turnraum oder im Gruppenraum. Sie machen sich ganz klein, kauern sich auf kleinem Raum zusammen, als würden sie, eng zusammengepfercht, in einer kleinen Schachtel liegen. Die Spielleitung schlüpft in die Rolle einer Zauberin bzw. eines Zauberers mit einem kleinen Glöckchen in der Hand. Sobald das Glöckchen erklingt, sind die Kinder verzaubert, z. B. in einen wütenden Affen, ein stampfendes Nilpferd, einen brüllenden Löwen etc. Sobald das Glöckchen erneut erklingt, verkriechen sich die Kinder wieder in die imaginäre kleine Schachtel und eine neue Spielrunde beginnt.

Material

Glöckchen, Triangel oder Klangschale

9

Wut-weg-Eimer

Die Spielleitung versammelt alle Kinder im Kreis und erläutert die Funktion des Wut-weg-Eimers: Manchmal wissen Kinder einfach nicht wohin mit ihrer Wut. Sie haben in der Situation keine Taktik parat, wie sie mit ihrem Gefühl umgehen sollen. Dann kann es helfen, die Wut einfach mal herauszuschreien. Und damit die Wut dann auch wirklich weg ist, kann man sie in einen Eimer mit Deckel hineinbrüllen. Nachdem die ganze Wut in den Eimer hineingeschrieen wurde, schließt sich der Deckel und die Wut bleibt im Eimer. Der Wut-weg-Eimer wird entweder im Gruppenraum oder in der Garderobe aufgestellt, sodass er im Bedarfsfall schnell zum Einsatz kommen kann. Wer mag es gleich mal ausprobieren?

Material

lustig verzierter Treteimer

Spiele zum Abreagieren und Dampfablassen

„Nein!"

Die Kinder sitzen oder stehen im Kreis und sagen der Reihe nach zueinander „Nein!" oder „Lass mich in Ruhe!". Sie sagen es aber in unterschiedlichen Varianten: leise, ängstlich, bestimmt, wütend usw. Nach jeder Runde berichten sie, wie es auf sie gewirkt hat und welche Unterschiede sie dabei festgestellt haben.

Variation

Die Spielleitung erzählt als Einstieg eine Geschichte zu diesem Thema aus einem Bilderbuch und zeigt es herum, das anschließende Spiel dient als Vertiefung.

Hinweis

Den Kindern sollte vermittelt werden, dass sie dabei auf einen festen Stand, auf eine aufrechte Haltung, einen festen Blick, ihren Gesichtsausdruck und Tonfall achten sollten.

Kissenschlacht mit Luftballons

Die Kinder befüllen alte, von zu Hause mitgebrachte Kissenbezüge mit aufgeblasenen Luftballons. Sobald alle Kissenbezüge befüllt und geschlossen sind, darf jedes Kind versuchen, seine Luftballons zum Platzen zu bringen. Erlaubt ist auch, sich mit den Kissen gegenseitig auf den Po zu klopfen.

Material

Kissenbezüge (80 x 80 cm), Luftballons

12

Der Prügelsack

Die Spielleitung befüllt *gemeinsam* mit den Kindern einen Stoff- oder Jutesack mit viel Schaumstoff oder anderem weichen Füllmaterial. Danach wird der Sack mit einer Schnur fest zugebunden und im Raum oder im Garten an einem Ast aufgehängt. Immer, wenn ein Kind Wut empfindet, kann es in diesen Sack boxen. Dabei sollte es auch tüchtig schreien, um die Wut richtig rauszulassen. Der Sack wird so lange „geprügelt“, bis die Wut verraucht ist.

Material

Stoff- oder Jutesack, feste Schnur, viel Schaumstoff oder anderes weiches Füllmaterial

Hinweis

Bei dieser Aktion sollten die Kinder nicht alleine gelassen werden, die Unterstützung und Begleitung durch einen Erwachsenen ist hier absolut notwendig, sei es durch Anwesenheit oder anschließendes Handhalten oder Umarmen.

Wer brüllt lauter?

Die Kinder laufen zur Musik durch den Bewegungsraum. Sobald die Spielleitung die Musik stoppt, laufen alle zu dem Mitspieler, der am nächsten steht. Sie stampfen breitbeinig auf, winkeln ihre Arme ab, ballen die Fäuste, strecken sie nach oben in die Luft und rufen so laut wie möglich ihren eigenen Namen. Wer zu spät oder zu wenig brüllt, muss durch die gegrätschten Beine des anderen Kindes krabbeln. Dann setzt die Musik wieder ein und die Kinder suchen sich beim nächsten Musikstopp einen neuen Spielpartner. Die Fortbewegungsarten können dabei kreativ variiert werden, z.B. vorwärts-, rückwärts-, seitwärtslaufen oder hüpfen.

Variation

Spielen jüngere Kinder mit, können stattdessen auch Tierstimmen nachgeahmt werden oder es kann nur „ho!“ oder „ha!“ gerufen werden.

Material

CD-Player, pfiffige Musik

14

Matten-Staffellauf

Die Spielleitung versammelt die Kinder im Bewegungsraum. An der Stirnseite des Raumes lehnt eine dicke Weichbodenmatte horizontal an der Wand. Auf der gegenüberliegenden Seite stellen sich die Kinder in einer Reihe hintereinander auf. Auf das Signal der Spielleitung hin läuft eines nach dem anderen auf die Matte zu, tritt mit dem Fuß dagegen und läuft wieder zurück. So geht es reihum, bis alle Kinder an der Reihe waren. Danach beginnt der Staffellauf.
Die Spielleitung teilt die Kinder in zwei gleich starke Gruppen auf. Die Gruppen stellen sich hintereinander auf der anderen Seite des Raums auf – mit Blick zur Matte. Jeweils das erste Kind jeder Gruppe läuft los, stößt sich mit dem Fuß von der Matte ab, läuft zurück und klatscht das nächste Kind ab. So geht es weiter, bis alle Kinder den Lauf absolviert haben. Welche Gruppe war die schnellste?

15

Material

Weichbodenmatte

Hinweis

Sollte die Weichbodenmatte nicht mit Gurten an der Wand fest fixiert sein, halten sie zwei Erwachsene an beiden Seiten fest, damit sie nicht wegrutschen kann.

15

Auf Sorgenluftballonjagd

Alle versammeln sich im Bewegungsraum und jedes Kind erhält einen Luftballon. Während des Aufblasens stellt sich jedes Kind vor, dass es seine Sorgen, Ängste, Probleme oder Wut in den Ballon hineinbläst. Nach dem Verknoten wird der Ballon mit einer Kordel am Fußknöchel der Kinder angebunden. Aus Sicherheitsgründen sollte die Kordel circa einen Meter lang sein, damit genügend Abstand zwischen Ballon und Fußgelenk besteht. Auf ein akustisches Signal der Spielleitung hin, versuchen die Kinder nun, die Luftballons der anderen zu zertreten. Konnten sich so am Ende alle Sorgen in Luft auflösen?

Material

ein Luftballon und eine ein Meter lange Kordel je Kind, Handtrommel oder anderes Signal-Instrument

Pudel schütteln

Die Kinder imitieren einen Pudel, der gerade pitschnass aus einem Teich kommt und nun das Wasser aus dem Fell schüttelt. Dazu stellen sie sich bequem und mit viel Abstand zueinander in einer leichten Grätsche auf und lassen die Arme locker an den Seiten herunterhängen. 15 Sekunden lang werden die Hände ganz leicht und locker geschüttelt, danach steigert sich das Tempo und das Schütteln wird heftiger und zwar von den Händen, über die Unter- bis zu den Oberarmen hinauf. Nach etwa weiteren 15 Sekunden wird es wieder langsamer. Nun wird der rechte und der linke Fuß ausgeschüttelt – je 15 Sekunden lang. Die letzten 15 Sekunden dienen der Entspannung. Die Kinder bleiben ruhig stehen und spüren den Bewegungen nach. Danach wird die Bewegungsabfolge wiederholt.

Variation

Sind die Kinder schon geübter, kann die Zeitspanne für das Schütteln auch verlängert werden.

Material

Handtrommel oder anderes Signal-Instrument

Hinweis

Finden es Kinder unangenehm, dass andere Kinder ihnen dabei zusehen, können sich alle auch im Kreis mit dem Gesicht nach außen aufstellen.

17

Die Wut-Waschmaschine

Die Spielleitung bastelt mit den Kindern aus leeren Schachteln und Kartons eine „Wut-Waschmaschine“ mit einer wiederverschließbaren runden Öffnung vorne. Anschließend wird sie im Flur aufgestellt. Wenn die Spielleitung das Gefühl hat, dass in der Gruppe vermehrt verbale, aggressive Schimpfwörter fallen, kann sie die Kinder auffordern, ihre Wörter in die „Waschmaschine“ im Flur hineinzubrüllen. Sie bittet sie, danach das „Bullauge“ schnell zu schließen, damit die Wörter dort bleiben und in der Gruppe keinen Platz mehr finden.

Material

Schachteln und Kartons, Farbe zum Bemalen, Scheren

Kegel umwerfen

Die Kinder versammeln sich im Bewegungsraum. Etwa zehn der Kinder halten sich an den Händen und bilden einen Kreis. In der Mitte steht ein Kreis aus 15 Kegeln. Die Kinder versuchen nun, sich gegenseitig in den Kegelkreis zu ziehen, damit die Kegel von den jeweils anderen umgestoßen werden. Wer Kegel umstößt, muss den Kreis verlassen. Wer wird der heutige Kegelmeister?
Falls im Bewegungsraum genügend Platz und Kegel vorhanden sind, können auch zwei Kindergruppen gebildet werden, die gleichzeitig eine Spielrunde starten.

19

Material

bis zu 15 Kegel

Hinweis

Nach Möglichkeit sollten die Gruppen so zusammengestellt werden, dass die Kinder in etwa gleich stark sind, also eher nach Größe und nicht nach Alter.

So ein Mist!

Die Spielleitung versammelt die Gruppe im Bewegungsraum, jedem Kind legt sie ein Tuch über die Schulter. Danach gibt sie ein Signal und alle gehen frei durch den Raum. Dabei versuchen die Kinder, sich gegenseitig das Tuch von der Schulter zu ziehen. Sobald ein Kind sein Tuch verliert, hebt es das Tuch auf, wirft es noch einmal auf den Boden und ruft: „So ein Mist!“ Dann legt es sich das Tuch wieder über die Schulter und die Jagd beginnt von vorne.
Nach dem Spiel, das durch ein erneutes Signal beendet wird, haben die Kinder noch Zeit und Gelegenheit, darüber zu reflektieren, wie es ihnen bei dem Spiel gegangen ist und was sie dabei gefühlt haben.

Variation

Die Kinder überlegen gemeinsam, welche Schimpfwörter sie noch benutzen könnten.

Material

ein Tuch je Kind, Handtrommel

Spiele zum Wild-sein-Dürfen

Außer Rand und Band

Die Spielleitung legt Zeitschriften und Kataloge im Bewegungsraum aus. Die Kinder können sich nun nach Herzenslust abreagieren und austoben, indem sie mit lautem Wutgeschrei die Zeitschriften und Kataloge zerreißen und zerfetzen.
Anschließend spielen die Kinder „Rama dama", das heißt, in einer Gemeinschaftsaktion sammeln alle die herumliegenden Papierschnipsel ein und werfen sie in einen Papierkorb. Wer findet auch noch das letzte Papierschnipselchen im Raum?

Material

Zeitschriften, Kataloge, Papierkorb

Hinweis

Wenn in der Gruppe viel Unruhe herrscht, eignet sich dieses Spiel sehr gut, um wieder etwas Ruhe hineinzubringen.

Räuber und Polizisten

Die Spielleitung wählt zwei Kinder aus, die in die Rolle von Polizisten schlüpfen, die anderen Kinder spielen Räuber. Räuber und Polizisten stellen sich im Turnraum an der jeweils gegenüberliegenden Wand auf. Die Räuber haben ihr Diebesgut (Schleifen) untereinander aufgeteilt und versuchen auf ein Startkommando der Spielleitung hin, es auf die andere Seite des Raumes in Sicherheit zu bringen. Die Polizisten haben die Aufgabe, sie dabei abzufangen. Wer von den Räubern gefangen wird, also berührt wird, muss alle Schleifen abgeben. Wie lange brauchen die Polizisten, um den Räubern alle Schleifen abzunehmen? Nach einem Durchgang werden die Rollen getauscht.

22

Material

Schleifen oder Chiffontücher, Triangel oder Handtrommel

Hinweis

Das Spiel wird nur in linearer Form gespielt, d. h., die Kinder laufen nur in eine Richtung, sie laufen weder im Kreis noch zurück.

22

Fischfang

Die Kinder versammeln sich im Bewegungsraum und werden dort von der Spielleitung in zwei gleich starke Gruppen, die sich farblich unterscheiden (z.B. blau und rot), aufgeteilt. Sie stellen alle Pinguine dar, die sich auf zwei Eisschollen – jeweils mit blauen und roten Sandsäckchen markierte Felder bzw. Matten – zusammenrotten. An jeder Seite des Raums liegt jeweils eine Matte. Zwischen den Matten, in der Mitte, liegen unterschiedlich große Bälle oder Luftballons (Fische) am Boden. Auf ein Signal der Spielleitung hin müssen die Pinguine nun so viele Fische wie möglich fangen (Bälle bzw. Luftballons aufsammeln) und zu ihrer Eisscholle bringen. Es ist auch erlaubt, Fische von der gegnerischen Eisscholle zu „klauen“. Auf ein weiteres akustisches Signal hin muss aber jeder Pinguin sofort wieder zurück auf seine eigene Eisscholle. Danach werden die gefangenen Fische gezählt. Wer hat die meisten ergattert?

Material

blaue und rote Sandsäckchen, viele unterschiedliche Bälle oder Luftballons, 4 Matten, Handtrommel

Spinnenfußball

Der Bewegungsraum wird mit Seilen in zwei gleich große Spielfelder unterteilt, die Spielfelder dürfen nicht zu groß sein. In jedem Spielfeld wird ein kleines Tor aufgestellt. Die Kinder werden in zwei gleich starke Mannschaften eingeteilt. Sie bewegen sich während des Spiels wie Spinnen – ausschließlich auf allen Vieren, im Krebsgang. Der Ball wird nur mit dem Fuß oder mit der Hand gespielt. Durch geschicktes Zuspielen versuchen die beiden Mannschaften Tore zu erzielen.

Material

Seile, Tore, Bänder oder Klammern in zwei Mannschaftsfarben, Softball in der Größe eines Fußball, eine rote und eine gelbe Karte

Hinweis

Die Spielzeit dauert jeweils höchstens 3 bis 5 Minuten pro Halbzeit. Gemeinsam mit den Kindern werden vorab die Spielregeln festgelegt. Auch rote und gelbe Karten kommen zum Einsatz, wenn es mal zu turbulent zugehen sollte.

24

Kreisfangen

Dieses wildere Spiel auf der Wiese im Freigelände oder im Bewegungsraum setzt schon etwas Bewegungserfahrung bei den Kindern voraus. Denn bei diesem Kreisfangen kommt es auf Schnelligkeit und Taktik an.

Alle Kinder bilden einen geschlossenen Kreis und halten sich an den Händen. Ein Kind steht außerhalb des Kreises und zeigt auf ein Kind, das es gerne fangen würde. Jetzt versucht der Fänger bzw. die Fängerin, durch schnelles Laufen und geschickten Richtungswechsel seinen „Auserwählten" zu erwischen. Der Fänger bzw. die Fängerin darf dabei nur *außen herum* laufen, nicht durch den Kreis. Der gesamte, geschlossene Kreis setzt sich in Bewegung und versucht zu verhindern, dass das Kind, das gejagt wird, auch erwischt wird. Wurde das Kind doch erwischt, darf es sich – nun als Fänger oder Fängerin – das nächste Kind aussuchen, um es zu fangen.

Bierdeckelkampf

Für dieses Spiel werden zwei gleich starke Mannschaften mit je 10 bis 12 Mitspielern gebildet. Der Bewegungsraum wird mit Seilen in zwei gleich große Spielfelder unterteilt und die beiden Felder werden mittels einer Langbank voneinander getrennt. In jedem Spielfeld liegen – über den Boden verteilt – mindestens 20 bis 25 Bierdeckel.
Auf ein akustisches Zeichen hin beginnt der Kampf um die Bierdeckel. Beide Mannschaften versuchen, möglichst viele der Bierdeckel einzusammeln und auf die gegnerische Seite zu werfen. Dabei geht es nicht darum, seine Gegner mit den Bierdeckeln zu treffen, sondern in der vorgegebenen Zeit, z. B. in zwei Minuten, möglichst viele Deckel auf das gegnerische Feld zu werfen. Es ist auch erlaubt, mehrere Deckel gleichzeitig zu werfen. Die Mannschaft, die als erste keine Bierdeckel mehr auf dem eigenen Feld hat, gewinnt.

Variation

Anstelle von Bierdeckeln können auch aus Zeitungspapier geformte Bälle geworfen werden.

Material

Seile, Langbank, mind. 40 neue Bierdeckel oder aus Zeitungspapier geformte Bälle

Hinweis

Das Zeitlimit, die Spielfeldgröße und die Menge der Bierdeckel sollten dem Alter der Kinder entsprechend angepasst sein.

26

Fliegenfänger

Die Spielleitung versammelt alle mitspielenden Kinder im Bewegungsraum. Ein Kind wird als Fliegenfänger bestimmt und erhält eine Fliegenklatsche. Alle anderen Kinder sind Fliegen. Die Fliegen dürfen nun frei durch den Raum laufen. Sie versuchen, dem Fliegenfänger auszuweichen, um nicht von seiner Fliegenklatsche am Körper berührt zu werden. Sollte doch eine Fliege „abgeklatscht“ worden sein, muss sie sich auf den Rücken legen, mit den Beinen in der Luft strampeln und dabei leise bis fünf zählen. Danach darf sie sofort wieder mitspielen. Die Spielleitung gibt mit einem Signal das Zeitfenster vor, danach übernimmt ein anderes Kind die Rolle des Fliegenfängers.

27

Material

Fliegenklatsche, Handtrommel oder Trillerpfeife

Hinweis

Vor dem Spielbeginn wird gemeinsam besprochen, dass mit der Fliegenklatsche nur sanfte Berührungen erlaubt sind und nicht festes Patschen, damit niemand verletzt wird.

27

Kampf der Giganten

Die Spielleitung legt im Bewegungsraum mit einem langen Seil einen großen Kreis. Bis zu 15 Kinder gehen in die Kreismitte und knien sich dort auf den Boden. Auf ein vereinbartes Signal mit der Handtrommel hin versuchen sie sich nun gegenseitig aus dem Kreis zu drängen, aufstehen ist nicht erlaubt. Wer mit einem Körperteil den Boden außerhalb des Kreises berührt, scheidet aus und wird zum Schiedsrichter. Gespielt wird so lange, bis nur noch ein Kind übrig ist.

Material

langes Seil, Handtrommel

28

Polsterkissenschatz

In der Mitte des Bewegungsraums wird eine Mattenfläche von circa drei mal drei Metern aus blauen, dünnen Matten ausgelegt. Darauf liegt ein großes Polster- oder festes Kopfkissen, das den Schatz darstellt. Immer zwei Kinder spielen gegeneinander und stellen sich auf der Matte im Abstand von einem Meter gegenüber auf. Erst wenn die Spielleitung ein akustisches Signal gibt, stürzen sich die beiden Gegner zum Kissen. Wer kann als Erster das Kissen in seinen Besitz bringen, ohne dabei seinen Mitspieler körperlich zu umklammern oder wegzudrücken? Nach circa 45 Sekunden beendet die Spielleitung durch ein Signal das Gerangel um den Polsterkissenschatz.

29

Variation

Jüngere oder noch unsichere Kinder kämpfen nur auf Knien um das Kissen.

Material

mehrere Bodenmatten, ein Polsterkissen (80 x 80 cm) oder festes Kopfkissen, Handtrommel

Hinweis

Vor Spielbeginn werden zusammen mit den Kindern klare Regeln aufgestellt, z. B. klare „Stopp-Regeln“, die unbedingt eingehalten werden müssen.

29

Büffel und Indianer

Bei diesem Spiel verhalten sich die Kinder wie Indianer: Sie schleichen leise und geschmeidig oder überwältigen einen „Büffel“ kraftvoll, um ihn zu kontrollieren.
Die Kinder finden sich zu Paaren zusammen. Jeweils eines der beiden Kinder übernimmt die Rolle des Büffels, das andere die eines Indianers. Der Büffel legt sich nach einem ausgiebigen Essen zum Verdauungsschlaf in die Sonne, d.h., das Kind legt sich auf der Matte auf den Rücken und schließt die Augen. Der Indianer schleicht sich an den Büffel heran, versucht ihn zu überraschen und zu fangen bzw. am Boden festzuhalten. Der Büffel darf sich wehren, sobald er den Angriff (tatsächlich physisch, durch Berühren) merkt. Er versucht nun, sich auf den Bauch zu drehen oder aufzustehen. Schafft er es oder gewinnt der Indianer?

Material

eine Bodenmatte pro Spielpaar

Spiele zum Wut- und Stressabbau

Begleitetes Schimpfen

Die Spielleitung bildet zwei gleich starke Gruppen. Jede Gruppe denkt sich verbale Beleidigungen aus. Eine der beiden Gruppen beginnt und darf nun aus vollem Hals die andere Gruppe beschimpfen, z. B. mit „Kartoffelnasen, Blumenkohlohren, Distelkopf, dürre Füße!“ Die Spielleitung greift aber sofort ein, wenn sich Kinder nicht an die vorher vereinbarten Spielregeln (siehe unten) halten. Die Beschimpften müssen alles über sich ergehen lassen, ohne zu reagieren oder zu antworten. Nach einer Minute ist die andere Gruppe dran. Danach schimpfen beide Gruppen für eine Minute gleichzeitig los. Am Ende umarmen sich alle gegenseitig, was die Kinder als sehr erleichternd empfinden werden.

Material

Handtrommel

Hinweis

Wichtig: Die Spielleitung bespricht vorab gemeinsam mit den Kindern, welche Spielregeln eingehalten werden müssen, z. B. dass man sich beim „Beschimpfen“ nicht persönlich angreifen, nicht verletzen oder beleidigen darf.

31

Fairer Zweikampf

Die Kinder bilden Paare, suchen sich jeweils – mit viel Abstand zueinander – einen Platz im Raum und drehen sich einander zu. Jedes Kind hält einen Esslöffel in der Hand. Auf einem der beiden Esslöffel liegt ein Radiergummi. Die Kinder mit dem leeren Löffel dürfen nun fechten, wobei das jeweils andere Kind aber nur am Löffel und nicht am Körper berührt werden darf. Gewonnen hat derjenige, dessen Radiergummi auf dem Löffel liegen bleibt.

Material

zwei Esslöffel und ein Radiergummi je Spielpaar

Luftballon- und Fliegenklatschen-Jongleure

33

In der Mitte des Bewegungsraums liegt für jedes Kind eine Fliegenklatsche auf dem Boden. Um die Fliegenklatschen herum liegen aufgeblasene Luftballons. Die Kinder haben nun die Möglichkeit, mit den Fliegenklatschen nach Lust und Laune herumzuexperimentieren, z. B. die Ballons mit ihren Klatschen anzustupsen, in der Luft zu jonglieren o. Ä.
Nach einiger Zeit finden sich die Kinder in Zweiergruppen zusammen und beginnen nun, mit den Ballons und den Klatschen Badminton zu spielen. Das fördert die Auge-Hand-Koordination, die Reaktion und die Kinder können nach Herzenslust gegen die Ballons schlagen und somit ihre Wut und Aggression rauslassen, ohne andere dabei zu gefährden.

Material

eine Fliegenklatsche je Kind, mehrere Luftballons

Schreifangen

Im Bewegungsraum bildet die Spielleitung zwei Gruppen. Gruppe A verteilt sich in einem vorher festgelegten, evtl. markierten Feld. Gruppe B stellt sich an der Stirnseite des Feldes nebeneinander auf.

Aus Gruppe B startet nun der erste Fänger bzw. die erste Fängerin und versucht, im Feld der Gruppe A, laut schreiend, so viele Kinder wie möglich zu berühren. Dafür hat er bzw. sie so lange Zeit, wie der Atem zum Schreien reicht. Bricht der Schrei ab, muss das Kind zurücklaufen und das nächste Kind startet. Die berührten Kinder dürfen weiterlaufen, aber nicht noch einmal abgeschlagen werden. Die Anzahl der abgeschlagenen Kinder wird als Punktezahl gewertet. Am Schluss werden die Punkte aller Fänger bzw. Fängerinnen der Gruppe zusammengezählt. Danach wechseln die Gruppen die Rollen.

Anschließend kommen die Kinder im Kreis zusammen und überlegen in einer kurzen Reflexion: „Was habe ich gefühlt?“, „Wie ist es mir dabei gegangen?“

Rückenkampf

35

Die Kinder finden sich im Bewegungsraum oder im Garten zu Paaren zusammen. Jedes Paar erhält ein Seil, das zwischen ihnen auf den Boden – sozusagen als Grenzlinie – gelegt wird. Die Spielpartner stellen sich Rücken an Rücken auf und berühren sich auch nur am Rücken. Auf ein Signal der Spielleitung hin versuchen die beiden Kinder sich gegenseitig über diese Seil-Linie zu drücken. Wer es schafft, hat gewonnen. Dies kann beliebig oft wiederholt werden.

Soll ein Wettkampf ausgetragen werden, tritt jeweils der Sieger aus dem Zweikampf gegen ein anderes Kind an. Nach dem Spiel stellen die Kinder fest, dass sie sich nach dem Zweikampf viel entspannter und ruhiger fühlen.

Material

ein Seil für jeweils zwei Kinder

Bälleboxen

In der Mitte des Bewegungsraums liegt ein Schwungtuch oder ein Betttuch und darauf liegen viele Luftballons oder Softbälle. Die eine Hälfte der Gruppe hält das Schwungtuch über Kopfhöhe fest. Die andere Hälfte stellt sich unter das Tuch. Diese Kinder boxen nun durch das Tuch nach oben gegen die Bälle, bis kein Ball mehr auf dem Tuch liegt. Danach laufen alle los und sammeln die Bälle wieder ein. Nun wird gewechselt. In einer nächsten Runde versuchen die Kinder, die Bälle mit ihren Füßen vom Tuch hinunterzuschleudern.

Material

Schwungtuch oder Betttuch, viele Luftballons oder Softbälle

Ballonfight

Jedes Kind erhält einen Holzstab, an dem mit Klebeband ein Luftballon mit aufgemaltem Gesicht befestigt wird. Jeweils zwei Kinder kämpfen nun mit ihren Stab-Luftballons gegeneinander. Der Kampf ist beendet, sobald ein vorher vereinbartes Zeichen ertönt.

Variation

Die Kinder stehen sich auf einer Langbank gegenüber und versuchen, sich mit ihren Luftballons gegenseitig von der Bank zu drängen. Zum Schutz vor Verletzungen liegen um die Langbank herum ausreichend Matten.

Material

ein Luftballon und ein Holzstab je Kind, Klebeband, wasserfeste Stifte

Hinweis

Vor dem Spiel werden gemeinsam Spielregeln aufgestellt, an die sich alle halten müssen. So dürfen sich nur die Ballons berühren, nicht die Stäbe! Jedes Kind achtet darauf, dass kein anderes Kind verletzt wird.

Autoscooter

Im Bewegungsraum wird ein nicht zu großes Spielfeld mit Seilen markiert. Jedes Kind erhält einen aufblasbaren Schwimmreifen, steigt hinein und hält ihn mit den Händen an der Seite fest. Die Reifen symbolisieren Autos. Auf ein Signal der Spielleitung hin versuchen die Kinder nun, sich aus dem Spielfeld zu drängen, indem sie sich mit den Schwimmreifen – ähnlich wie beim Autoscooter – gegenseitig abdrängen.

Material

Ein aufblasbarer Schwimmreifen je Kind, Seile, Handtrommel oder Trillerpfeife

Hinweis

Für den Fall, dass das Spiel zu wild werden sollte, vereinbaren alle zusammen vor Beginn des Spiels eine „Stopp-Regel“, an die sich alle halten müssen.

Noodle-Rangelei

Gemeinsam mit den Kindern werden zwei Zonen – „Kampfplatz“ und „Kampffreie Zone“ – im Bewegungsraum festgelegt. Es ist wichtig, mit den Kindern vorab klare Spielregeln (siehe unten) zu besprechen, die auch unbedingt eingehalten werden müssen.
Zwei Kinder erhalten nun eine Schaumstoffstange, mit der auf ein akustisches Signal (Trillerpfeife) hin auf dem vereinbarten „Kampfplatz“, z. B. einer Weichbodenmatte, die Schaumstoffstangen gegeneinandergeschlagen werden. Der Kampf dauert circa zwei Minuten und ist beendet, sobald das akustische Signal ertönt. Danach kommt das nächste Paar an die Reihe.

Spielregeln

1. Wir kämpfen nur auf dem vorgegebenen bzw. markierten Feld.
2. Wie bei einem Schwertkampf berühren sich auch hier nur die Schaumstoff-Noodlen!
3. Sobald jemand „Stopp!“ ruft, hören wir sofort auf.
4. Der Kontrahent im „Kampf“ ist nicht mein Feind, sondern mein Spielgegner.

5. Wir gehen respektvoll und achtsam miteinander um.

Material

Schaumstoffstangen, Weichbodenmatten, Trillerpfeife

In der Holzwerkstatt

Unter Aufsicht im Freigelände versucht jeweils ein Kind mit einem Hammer 10 bis 12 cm lange Nägel in einen dicken Holzbalken zu schlagen. Danach kommt das nächste Kind an die Reihe. Wer schafft es, den Nagel zu versenken, ohne ihn krumm zu schlagen?

Variation

Wie viele Schläge benötigt eine Gruppe aus vier Kindern, um zehn 5 cm lange Nägel in einen Holzbalken zu schlagen? Krumme Nägel werden nicht gezählt.

Material

10–12 cm und 5 cm lange Nägel, Hammer, dicker Holzbalken

Spiele von der Anspannung zur Entspannung

Umarmungsmarathon

Die Kinder versammeln sich im Bewegungsraum. Die Spielleitung teilt die Kinder in zwei gleich große Gruppen auf, die sich einander gegenüber aufstellen. Auf ein akustisches Signal der Spielleitung hin, bewegt sich die eine Gruppe mit ausgebreiteten Armen auf die Kinder der anderen Gruppe zu. Sobald sie diese erreicht haben, umarmen sich die Kinder gegenseitig herzlich. Die Kinder der anderen Gruppe stehen wie angewurzelt an ihrem Platz und warten auf die Umarmung. In einer zweiten Runde werden die Rollen getauscht.

Hinweis

Vor Beginn des Spiels werden die Kinder darum gebeten, nicht zu rennen oder zu schreien, sondern sich langsam und ruhig aufeinanderzuzubewegen.

Mattenbad

Im Bewegungsraum wird für bis zu zehn Kinder eine Weichbodenmatte vorbereitet. Sollten zwei Weichbodenmatten zur Verfügung stehen, können auch bis zu zwanzig Kinder gleichzeitig spielen. Vier Kinder legen sich nun bequem auf den Rücken auf die Matte, verschränken die Arme hinter ihrem Kopf und schließen die Augen. Die anderen sechs Kinder ziehen ihre Hausschuhe aus und gehen vorsichtig zwischen den liegenden Kindern auf der Matte herum, jedoch ohne sie dabei zu berühren. Die auf den weichen Matten liegenden Kinder werden entsprechend dem Gewicht mal abgesenkt oder mal angehoben. Sie genießen die Bewegungen und spüren ihnen nach. Danach werden die Rollen getauscht.

Material

eine Weichbodenmatte je 10 Kindern

Wolkenhimmel

Die Kinder finden sich zu zweit auf einer Matte zusammen. Ein Kind legt sich bequem auf den Rücken, das andere Kind setzt sich mit circa 15 Bierdeckel in der Hand daneben. Während die Spielleitung nun eine Geschichte (siehe unten) erzählt, legt es seine Bierdeckel auf dem Körper des liegenden Kindes – von den Schultern bis zu den Füßen – ab. Das liegende Kind versucht ruhig liegen zu bleiben, damit die Deckel nicht herunterfallen. Dabei spürt es das Heben und Senken der Deckel im Atemrhythmus. Zum Schluss nimmt das sitzende Kind die Deckel nacheinander wieder ab und die Rollen werden getauscht.

Geschichte

Viele kleine, leichte, kuschelige Wölkchen wandern über den Himmel, werden müde und suchen sich nach und nach gemütliche Plätze, um darauf zu landen und sich auszuruhen. Sie landen auf Schultern, Armen, Brust, Bauch, Beinen. Hier liegen sie ruhig und entspannt. Sie träumen vom Himmel, vom Wind und den Sternen. Schließlich fühlen sie sich ausgeruht, erheben sich wieder und fliegen davon.

Material

eine Weichbodenmatte oder Decke und 15 neue Bierdeckel für je zwei Kinder

43

Duschen mit Wassermusik

Die Kinder bilden 5er-Gruppen. Das erste Kind stellt sich in die Mitte. Die anderen Kinder lassen nun die Fingerspitzen vorsichtig wie Wassertropfen auf dem Körper des Kindes auftreffen – von oben nach unten. Danach wird reihum gewechselt, allerdings ohne dabei zu sprechen. Als Hintergrundmusik läuft „Wassermusik“ von Georg Friedrich Händel, die für das Spiel eine entspannte Atmosphäre schafft.

Material

CD-Player, CD mit der „Wassermusik“ von Georg Friedrich Händel

44

Futter klauen

Ein Kind (Löwe) liegt in der Raummitte auf einer vorbereiteten Matte. Die Sandsäckchen werden als Futter um den Löwen herum auf dem Boden ausgelegt. Alle anderen Kinder stehen mit einigen Metern Abstand zum Löwen und zum Futter im Halbkreis vor ihm. Nun heißt es: „Wer schafft es, dem Löwen das Futter zu klauen?!“ Nach einer kurzen Weile schläft der Löwe ein und vergisst sein reichlich vorhandenes Futter. Er schließt die Augen. Jetzt können sich die Kinder langsam an das Futter heranschleichen. Sie müssen dabei natürlich besonders leise sein, um den Löwen nicht zu wecken.

Wenn der Löwe sich aber im Schlaf bewegt, müssen die Kinder bewegungslos stehen bleiben, um keine Geräusche zu machen. Öffnet der Löwe sogar seine Augen und hebt eventuell noch den Kopf, heißt es, schnell in Deckung zu gehen und sich wegzuducken. Wer kann die meisten Sandsäckchen erbeuten?

Material

Bodenmatte, mind. ein Sandsäckchen o. Ä. je Kind

Rakete, düse!

Die Kinder sitzen am Tisch und beginnen, mit den Fingern auf den Tisch zu trommeln. Erst leise und langsam, dann immer schneller und lauter. Danach schlagen sie mit flachen Händen auf den Tisch, die Lautstärke und das Tempo nehmen zu. Jetzt beginnen sie, dazu auch mit den Füßen zu stampfen, erst leise und langsam, dann immer lauter und schneller werdend. Währenddessen können die Kinder auch leise summen und brummen bis hin zum lauten Schreien. Lärm und Bewegung steigern sich immer mehr und mehr, bis die Kinder – auf ein Signal der Spielleitung hin – von ihren Plätzen aufspringen und mit einem lauten Schrei die Arme in die Luft werfen. Nun ist die Rakete gestartet! Langsam setzen sich die Kinder wieder auf ihre Stühle. Ihre Bewegungen beruhigen sich. Der Lärm ebbt ab, nur noch ein Brummen ist zu hören, das immer leiser wird, bis es ganz verstummt. Die Rakete ist hinter den Wolken verschwunden.

Die Friedensecke

Gemeinsam mit den Kindern wählt die Spielleitung einen Platz aus, um dort eine sog. „Friedensecke“ einzurichten. Dieser Platz kann auch mit einem „Friedensteppich“ oder einem „Friedenslicht“ hübsch gestaltet werden. In jedem Fall sollte es ein Ort der Ruhe sein, an dem die Abmachung gilt, dass man ernsthaft versucht, nach einem Streit miteinander wieder ins Gespräch zu kommen, um sich zu versöhnen.

Material

kleiner Teppich, Kerze im Glas

47

Nervenkitzel

Die Kinder sitzen im Stuhlkreis. Ein Kind übernimmt die Rolle des Elektrikers oder der Elektrikerin und geht vor die Türe. Die anderen Kinder fassen sich an den Händen und bilden eine „Stromleitung". Nun wird gemeinsam eine Stelle bestimmt, an welcher Hand-zu-Hand-Verbindung die Stromleitung kaputt ist. Sobald sich alle Kinder die Stelle gemerkt haben, wird das Kind wieder hereingerufen. Es macht sich nun daran, die defekte Stelle aufzuspüren, indem es nach und nach jede Händeverbindung mit seiner eigenen Hand berührt. Währenddessen machen die Kinder „sssssssssssssss". Berührt das Kind die „kaputte" Stelle, rufen alle ganz laut „Peng!". Danach wählt der Elektriker bzw. die Elektrikerin ein neues Kind aus, das in seine bzw. ihre Rolle schlüpft.

Hinweis

Wichtig: Vor dem Spiel bespricht die Spielleitung mit den Kindern, wofür Strom da ist und dass Stromleitungen außerhalb des Spiels sehr gefährlich sind und unter keinen Umständen angefasst werden dürfen.

Blütenregen

49

Die Kinder versammeln sich im Bewegungsraum und bilden zwei Gruppen. Danach legen sie sich in zwei Reihen gegenüber auf den Rücken, die Füße zeigen dabei zueinander. Zwischen ihnen bleiben etwa zwei Meter Platz, wo viele, bunte, aufgeblasene Luftballons, wie große, bunte Blüten auf dem Boden liegen. Auf ein Kommando der Spielleitung hin, beginnen nun die beiden Gruppen mit den Beinen zu strampeln. Jede Gruppe versucht, die Blüten über die Köpfe der anderen hinweg auf deren Seite zu befördern. Dabei dürfen die Arme und Hände natürlich nicht zu Hilfe genommen werden. Sobald keine Blüten mehr in der Mitte liegen, wird gezählt, auf wessen Seite mehr Ballons gelandet sind.

Variation

Dieses Spiel kann an warmen Tagen auch im Garten gespielt werden.

Material

viele bunte Luftballons

So entspannt der Bär

Auf dem Boden werden bunte Chiffontücher und Decken ausgebreitet. Die Kinder machen es sich gemütlich, indem sie sich damit zudecken und sich darin einkuscheln. Die Spielleitung sagt nun:

Unser kleiner Bär, der schläft ganz tief und fest.
Schnarcht mal laut, mal leise, nach der Bärenweise. Doch wenn unser Bär erwacht,
dann seht mal, was er macht!

Alle Kinder stehen auf.

Er tanzt und tanzt und tanzt und tanzt,
er tanzt und tanzt und tanzt und tanzt,
er tanzt und tanzt und tanzt und tanzt!

Nun legen sich alle Kinder wieder hin. Danach wird der Vers wiederholt. Anstelle von „Er tanzt ...“ heißt es nun: „Er klatscht ...“, „Er stampft ...“, „Er fliegt ...“. Der Fantasie sind hier keine Grenzen gesetzt.

Material

viele bunte Chiffontücher oder Decken